P. N.

Praktische Anweisung, gute Weingärten anzulegen

P. N.

Praktische Anweisung, gute Weingärten anzulegen

ISBN/EAN: 9783743411456

Hergestellt in Europa, USA, Kanada, Australien, Japan

Cover: Foto ©Lupo / pixelio.de

Manufactured and distributed by brebook publishing software (www.brebook.com)

P. N.
Praktische Anweisung, gute Weingärten anzulegen

Praktische Anweisung

gute

Weingärten

anzulegen,
zu unterhalten und schlechte zu verbessern

von

P. N.

---

herausgegeben

von

Bernhard Sebastian Nau

kurfürstl. Hofgerichtsrathe und Professor der Kameralwissenschaft zu Mainz, der dahiesigen kurfürstl. physikalisch-ökonomischen Gesellschaft beständiger Sekretär, der kurfürstl. Akademie der nützlichen Wissenschaften zu Erfurt, der kursächs. ökonom. Gesellschaft zu Leipzig, der sittlich-landwirthschaftl. Gesellschaft zu Burghausen, der Naturforschenden Gesellschaft zu Berlin und Zürich Mitgliede

---

Mainz
in der kurfürstl. privileg. Universitätsbuchhandlung
1791

Seinen
verehrungswürdigen Freunden
dem
Herrn Professor Schrank
und
Herrn Kommissionsrathe Riem

widmet dieses Werk

der Herausgeber

Vorrede.

Der Weinbau ist nicht nur in den verschiedenen Ländern von Europa höchst verschieden, er ist es eben so sehr in kleinern Distrikten. Auf eine andere Art geschieht er an der Rohe, von beiden ist der Weinbau hinter Koblenz verschieden, eben so verhält es sich am Necker und in Franken.

Den praktischen Oekonomen ist es aber eben so nöthig als dem Theoretiker angenehm, die Verschiedenheiten in der Behandlung einzusehen, um für sich von jeder das Beste auszuwählen.

Es ist auch nicht wohl möglich, itzt schon für alle Gegenden Deutschlands eine vollständige gute Anweisung, Wein zu bauen zu schreiben, von manchen Gegenden ist uns die Bauart noch zu wenig bekannt. Selbst im Rheingau haben die verschiedenen Ortschaften ihre besondere Eigenheiten, die wir in der Abhandlung vom Rheingauer Weinbau nicht gefunden haben.

Der

Vorrede.

Der Verfasser gegenwärtiger Abhandlung, schrieb seine Erfahrungen über den Weinbau an der Nohe nieder, doch wird man bei dem Durchlesen finden, daß sich Vieles an allen Orten anwenden läßt.

Daß alle seine Angaben ausführbar sind, kann ich deshalb öffentlich versichern, weil nichts von ihm niedergeschrieben wurde, was er nicht selbst untersucht und beobachtet hat. Seine Weingüter sind die besten in der Gegend, und alle, die ihm bisher in der Behandlung gefolgt sind, sehen den großen Vortheil in ihren Kellern.

Mainz den 10ten November 1790.

Rau.

I. Hauptſtück.
Wie das Feld zum Anrotten vorbereitet werden müße.

I. Wenn das Feld, welches ich zu einem Weingarten beſtimmt habe, ſchon vorher Reben getragen hat, und erſt ausgehauen worden iſt, ſo würde der Eigenthümer ſeinen Vortheil ſchlecht verſtehen, wenn er es gleich im nächſten Jahre ſchon wieder anrotten wollte; es iſt nöthig, daß es erſt einige Zeit hindurch aufs neue fähig gemacht werde, um auf eine vollkommene Weiße guten Reben eine lange Dauer und eine ſolche Tragbarkeit zu geben, daß ſie dem Eigenthümer die Sorge und Mühe belohnt, und ſein daran verwendetes Kapital verzinſet.

II. Von dem Nutzen und der Nothwendigkeit der Abwechſelung der Feldfrüchten iſt ſchon vieles geſagt worden, was auch die Erfahrung beſtätiget hat. Wir wollen alſo davon weiter nichts erinnern, und nur bemerken, daß es den Weingärten, und für die neueingeſetzten Reben eben ſo nöthig iſt, zuvor andere Früchten eine Zeitlang getragen zu haben.

III. Der Eigenthümer wird auch nicht so sehr zu kurz dabei kommen, als vielleicht mancher glauben könnte, indem der ausgehauene Weingarten, wenn er mit Getraide oder Futterkräutern bepflanzt wird, den Traubenherbst, bei guten Jahren einigermaßen entschädigen wird. Denn wir sind weit entfernt, hier anzurathen, das Feld in der Zwischenzeit völlig öde liegen zu lassen, und wenn wir künftighin vom Ausruhen der Weingärten sprechen, so ist es blos scheinbare Ruhe in Rücksicht der Weinreben, nicht aber in Rücksicht der Bepflanzung mit andern Gewächsen.

IV. Es läßt sich eigentlich nicht bestimmen, wie lang ein Feld ausruhen soll; es kommt viel auf den Grund und Boden an, ob er fett oder mager ist. Ein magerer Kies muß freilich länger ausruhen, als fette Schiefererde, und wenn ich für diese wenigstens sechs Jahre zum Ausruhen bestimme, so hat die andere zehn nothwendig. In Rücksicht dessen, daß das Feld sechszig und mehrere Jahre als Weingarten gestanden hat, auch für die Zukunft ein ganzes Menschenalter wieder ausshalten soll, werden denn die angesetzten Jahre zum Ausruhen sehr gering und wenig seyn, deßhalb soll sich außerdem der Eigenthümer noch bemühen, den Abgang der Jahre mit öfterm Düngen zu ersetzen. Denn das Feld, welches mager ist, wenn es gerottet wird, bleibt ewig ein schlechter Weingarten.

Sehler

Fehler, die dabei zu geschehen pflegen.

I. Ein Weingutsliebhaber besitzt einen alten Weingarten, den er vielleicht in dem vorigen Jahre gedüngt hat, nun scheint ihm solcher abgängig zu seyn, und er entschließt sich denselben zu verjüngern, die Pfähle werden ausgerupft, die alten Weinstöcke aber bleiben unbeschnitten stehen, oder werden auf den Tod geschnitten, d. i., man setzt ihnen so viele Bogreben auf, als man haben kann, um noch einen reichen Herbst zu machen, der Bau unterbleibt völlig, damit das Feld einen Wasem ziehen möge, und das nächste Jahr wird es gerottet. Diese Zubereitung ist gewiß die schlechteste, die Eigenthümer haben solche Veranlassung meistens unverständigen Arbeitsleuten zu verdanken, deren eigentlicher Zweck ist, Geld zu verdienen, ohne Rücksicht, ob die Arbeit für ihren Herrn nützlich oder schädlich sey.

II. Der Entschluß zum Rotten ist vielleicht deswegen gemacht worden, weil der alte Weingarten erst im vorigen Jahre gedüngt wurde, allein was will so wenige Dung machen, die nur in einem Hut voll guter Erde besteht, und zusammen in einem Käutchen vor den alten Stöcken liegt, und dabei vielleicht von schädlichem Unkraut meistens verzehrt ist; gewiß ist solche zur Verbesserung des ganzen Felds in wenig oder gar keinen Betracht zu ziehen. Der Schaden ist aus folgenden Gründen unersetzlich. Denn

A 2   1) Die

1) Die in ein solches Rottfeld eingesetzten jungen Reben kommen wenigstens zwei Jahre später zum Ertrag als gewöhnlich in einem guten Felde zu geschehen pflegt.

2) Wenn sie tragen, und nach der Erwartung des Eigenthümers den besten Nutzen bringen sollen, so sind die Stöcke von Kleinberger schon kraus oder kerbig, und jene von Riesling und andern Arten Trauben, klein und zäßlich, und bringen gewiß kaum den dritten Theil Frucht, als sie geben könnten und sollten.

3) Werden viele falsche und ausgeartete Stöcke sich vorzeigen, welche viele Kösten verursachen, da man solche auszuhauen, und andere gute Stöcke einzulegen, beschäftiget seyn muß.

4) Wird der Eigenthümer oft wiederholtes und doppeltfaltiges Düngen anwenden müßen, um den Versuch zu machen, dem Feld aufzuhelfen, und es in einen guten und tragbaren Stand zu setzen, allein es wird noch wie vor schlecht und ungiebig bleiben, sogar

5) wird es zu jener Zeit schon wiederum ausgehauen werden müßen, wo es im besten Flor seyn, und den reichsten Seegen geben sollte.

II. Haupt-

II. Hauptſtück.
Wie das Rotten geſchehen müße.

I. Bei der Anrottung eines Felds fängt man unten an, und macht den erſten Graben ſo tief, als es die folgende Anweiſung belehrt; iſt dieſes geſchehen, ſo zieht man von dem zweiten Rottgraben den oberen fetten Grund mit dem Karſt in den ſchon gemachten erſten Graben ein, und hebt ſodann den zweiten Graben ſo tief auf, als der erſte geweſen iſt, und ſo fährt man von einem Graben zum andern fort, bis man mit dem ganzen Feld zu Ende gekommen iſt.

II. Der Hauptvortheil beim Rotten beſteht darin, daß der obere gute, fette und abgelegene Grund oder Waſem dort in die Tiefe zu liegen komme, wo die Setzreben ihre unterſte Wurzeln ausbreiten, badurch erhalten ſie eine reiche Nahrung zum ſchnellen Aufwuchs, und für die Zukunft einen hinlänglichen Unterhalt, der ſie im beſten Flor bis in die ſpäteſte Jahre erhalten wird.

III. In Rückſicht deſſen, wie tief gerottet werden müße, iſt ein Unterſchied zu machen, zwiſchen der Ebene und einem ſteilen Berg. Auf der Ebene iſt es hinlänglich, wenn der Rottgraben einen halben Schuh tiefer iſt, als die Setzreben lang ſind.

In den Bergen hingegen, soll er wenigstens anderthalb Schuhe tiefer seyn. Der Beweis hiervon ist der gute Erfolg, den ich vielfältig und zuverlässig bemerkt habe. Und die Ursache mag folgende seyn: Die Wurzeln des Weinstocks wachsen sowohl in der Tiefe, als auch in das Kreuz, wo sie aber hinauswachsen, muß lockerer und gebauter Grund seyn, um sich ausdehnen zu können, denn sie sind bei ihrem Auswuchs in dem ersten Jahre noch viel zu zart, als daß sie in einer ungebauten Erde sich eindringen könnten. Von den Bergen bauet sich jährlich etwas Grund ab, Regen- und Wassergüsse schwämmen auch viel herunter, auch trocknen dieselbe bei der Sonnenhitze tiefer aus, als die ebenen Felder, darum muß auch der Weinstock allda mehr in der Tiefe seine Nahrung suchen. Ist nun tief gerottet, so können die zarten Wurzeln der jungen Setzreben schnell dahin wachsen, und da sie auf die ungebaute Erde oder harte Felsen kommen, sind sie stark genug zwischen die Klippen einzubringen, und ihren Unterhalt zu suchen, wäre aber hier nicht tief genug gerottet, so würden die Wurzeln leicht an Tag kommen, und die Stöcke bald wieder ausgehen.

IV. Mageres Kiesfeld, wenn es gleich wohl in einem Berge liegt, darf nicht tiefer gerottet werden, als auf der Ebene gewöhnlich ist, denn da solcher magere Kießboden wenig oder gar keine Fettigkeit in sich hat, und dem Weinstocke keine andere Nah-

Nahrung aus der Tiefe mittheilen kann, als die man ihm bei der Anrottung durch den abgelegenen Grund oder Wasem zum Untersatz gegeben hat, wie im II. Hst. N. II. angemerkt, so würden die Kosten unnütz angewendt, und es dem Feld schädlich seyn, wenn man tiefer rotten wollte. Jeder Weinbergsliebhaber ist vor solchen Feldern zu warnen, denn sie sind kostspielig zu unterhalten, da sie noch einmal so viel Dung, als andere von fetter und schwerer Erde verzehren, sie sind dem Verstößen sehr unterworfen, und von keiner langen Dauer.

V. Oft finden sich bei dem Rotten häufige Steine. Die dicken davon werden an den Mauern verbraucht, die in dem Weinberge nöthig sind, und können auch verkäuflich angebracht werden, allein die kleinern Steine machen oft außerordentliche Kosten, wenn man sie abtragen, und hinweg fahren läßt, von diesen kann ich mit Zuverläßigkeit melden, daß sie nicht schädlich, sondern nützlich sind, wenn man sie auf dem Feld versenkt, wo sie ausgegraben worden, denn die Erfahrung lehrt, daß Weinstöcke, die auf versenkten Kißeln stehen, gute, dauerhafte und tragbare Stöcke sind. Die Ursache hievon kann seyn, weil die Winterfeuchtigkeit sich häufig in diese Versenkung ziehet, und mit dieser Feuchtigkeit auch fette Nahrung, folglich jene Wurzeln, die dahin laufen, auch ihren Unterhalt und Gedeihen finden: hiebei wäre jedoch anzurathen, daß

A 4   die

die Versenkung gegen 2 1/2 Schuh tief geschehen möge, und zwischen die Steine, wenn derer viele sind, etwas Grund geworfen würde.

VI. Die besten Tage zum Rotten sind, die Wintermonate, denn das Rotten ist bei der Wintersarbeit die beschwerlichste, sobald die Wärme anfängt, und die Tage sich verlängern, schadet der Arbeiter seiner Gesundheit und seinen Kräften durch diese Arbeit in einem Tag mehr, als wenn er acht Tage, die sonst zu solcher Zeit gewöhnliche Arbeit verrichtet, auch kann bei dem frühen Rotten die Winterfeuchtigkeit, die zum guten Wachsthum höchst nothwendig ist, mehr eindringen, und das Feld wohl ausfrieren, wodurch es zart und geschlacht wird, daß es sich wohl setzen und den jungen Reben ein gutes Wachsthum geben könne, denn die Felder von schwerer unartigen Erde, wenn sie spät gerottet werden, daß sie nicht mehr ausfrieren können, bleiben den ganzen Sommer schollig und klotzig auf einander liegen, setzen sich nicht zusammen, und erhalten hiedurch ein gar schlechtes Wachsthum.

VII. Die Fehler, welche bei dem Rotten pflegen vorzukommen, sind folgende:

1) Es geschieht oft, daß unverständige Wingertsleute beim Rotten unterminiren, nemlich wenn der Rottgraben ganz fertig und ausgehoben ist, so wird

wird an der vorderen Wand ganz unten einen halben auch ganzen Schuh breit unterminirt, d. i., Grund herausgegraben, so daß für einen halben GrabenGrund zusammenfallen müße, demnach wird erst der ordentliche Rottgraben angefangen und ausgehoben. Die Arbeit wird durch diese Behandlung zwar befördert, sie ist aber schädlich, weil der obere gute mit dem untern rohen Grund zu sehr vermischt wird, und das Feld den nahrhaften fetten Untersatz nicht enthält, den es haben sollte, wie II. Hpst. N. II. angemerkt ist.

2) Wird manchmal so schlecht und darüber hingerottet, daß alte Weinstöcke in den neuen Rottgraben stehen bleiben, auch an der hindern Wand oft ein guter Theil Grund unaufgegraben sitzen bleibt, und die Erdschollen, die oft eine Größe von halben Pflugsrädern haben, nicht verhackt, und voneinander gezogen werden. Alle diese Behandlungen sind höchst schädlich. Ich selbst kenne einen Weinberg, der nach dieser Art gerottet wurde; der Lage nach, hätte solcher ein ganzes Menschenalter aushalten sollen, allein schon bei den ersten Bogreben ist er abgängig gewesen, und nach vielen Kösten, die alle zu seiner Verbesserung angewendet und verlohren waren, wurde er in den ersten Jahren schon ausgehauen. Zu solcher nachtheiligen Arbeit gibt oft der Eigenthümer selbst die Gelegenheit, denn er sucht den Arbeitern die Umrottung seines Felds um ei-

nen allzu geringen Lohn überhaupt zu verdingen; der arme Taglöhner aber, wenn er in der Noth ist, geht alles ein, dagegen, wenn er zur Arbeit kommt und merkt, daß er bei seiner Arbeit den gewöhnlichen Taglohn nicht habe, so arbeitet er drüber hin, um sich schadlos zu halten. Ich wollte darum jedem Eigenthümer anrathen, alle seine Wingertsarbeit und besonders das Rotten im Taglohn machen zu lassen, denn hieburch erhält der Mann jeden Abend seinen richtigen Lohn, und wird darum auch getreu und gut arbeiten.

3) Wenn die Erde mit Schnee bedeckt, oder zu hart gefroren ist, so soll das Rotten unterbleiben, denn der untergerottete Schnee, und die gefrorne Erdschollen bleiben sehr lange in der Tiefe liegen, ehe sie vergehen oder aufbauen, wodurch die eingesetzten Reben ein spätes und schlechtes Wachsthum bekommen.

III. Haupt-

III. Hauptſtück.
Von dem Setzholz.

I. Das Setzholz, Setzlinge oder Setzreben, mit welchen die Rottfelder beſetzt werden, kann in Blindholz oder Reiſlinge beſtehen. Blindhölzer ſind diejenigen Reben, welche im Frühjahre von den alten Weinſtöcken genommen werden; und Reiſlinge heißen dieſelbigen Reben, die aber in ein gut gerottetes Feld zuſammen eingeſtickelt werden, ein oder zwei Jahre ſtehen bleiben, daß ſie Wurzeln ziehen, alsdann mit ihren Wurzeln ausgehoben, und gleich dem Blindholze in die Rottfelder gebracht werden. Bei dem Setzen ſtutzt man ihnen die Wurzeln, wie ſolches weiter unten gelehrt wird.

II. Das Setzholz ſoll in dem Rheingau und an der Nohe, wo meiſtens bergige Gegenden ſind, zwei Schuhe lang ſeyn, und auf der Ebene iſt 1 3/4 Schuhe hinlänglich. Es ſoll von guten und tragbaren Stöcken genommen, und eine ordentliche Dicke haben. Denn zu dünne Setzreben werden nicht ſobald ſtämmig als andere, und kommen auch langſamer zum tragen. Auch unten an der Rebe kann man den Kopf laſſen, weil ſie zum beſſern Wachsthum allda viele Wurzeln ziehen wird.

III. Jeder Eigenthümer ſoll ſich ſeine Setzreben ſelbſt aufſchlagen, oder von jenen Leuten auf
ſchlagen

schlagen lassen, denen er dieses Geschäft, wegen ih=
rer hinlänglichen Kenntniß und Redlichkeit anver=
trauen kann, denn von gutem Setzholz hängt die
Güte des Stocks ab, so wie bei dem schlechten alle
Hofnung, Mühe, Kösten und Arbeit unnöthig ist.

IV. Es soll nicht lange in der verzehrenden Sonne
und Merzluft liegen bleiben, sondern beym Schnei=
den gleich aufgerafft und gekreppelt werden, ist aber
das Auskreppeln nicht sobald thunlich, so legt man
es in einen kühlen und feuchten Keller, wo es ei=
nige Tage sich frisch und gut erhält. Muß es aber
wegen Abgang der Zeit länger in dem Keller liegen
bleiben, so begieße man es zuweilen mit ein wenig
Wasser, demnach wird es gekreppelt und zugeschnitten.

V. Es würde sehr gut seyn, wenn man alle
die Stöcke, vor dem Herbst zeichnete, von denen
das Setzholz sollte genommen werden, da aber die=
ses nicht wohl möglich ist, besonders wenn man viel
1000 Holz nöthig hat, und solches aus andern Ge=
markungen hernehmen muß, so soll man bedacht
seyn, solches unausgekreppelt zu erhalten, und dann
keine Rebe aufzuschlagen, die wegen einem übeln
Kennzeichen verdächtig ist. Welche Kennzeichen
N. IX. angezeigt sind. Schlägt man aber das Setz=
holz in seinen eigenen Weingärten auf, so sollen beim
Schneiden schon jene Reben durch den Winzer ver=
brochen werden, von deren Güte derselbe nicht ganz

über=

überzeugt ist. Durch diese Sorgfalt wird man gutes Setzholz, und folglich gute Stöcke in seinem Weingarten erhalten.

VI. Das Setzholz von Kleinberger soll niemal in einem Berg oder hitzigen Kiesboden aufgeschlagen werden, weil solche Felder die Stöcke bald kerbig, spitzig oder kraus machen.* Junge Weingärten, deren Grund in Schiefer, Leimen und Morerde besteht, sind zum Aufschlagen die Besten.

VII. Wenn das Setzholz zugeschnitten ist, so soll man es sorgfältig zu zwei hundert zusammenlegen, und so oben, in der Mitte und unten zubinden, daß es sich grad strecken müße, und alsdann in einen Zuber stellen, zwei bis drei Zoll hoch Wasser daran schütten, und in die Luft außer der Sonne bringen, zuweilen das alte Wasser abschütten, und frisches darüber hergiessen. Dabei soll man bedacht seyn, daßelbe bei kalten Nächten an einem Ort zu bringen, wo das Wasser darin es steht, nicht zufrieren könne.

Ich

---

* Die Erfahrung lehrt sogar, daß, wenn man Setzholz von Kleinberger Reben aus solchen hitzigen und bergigen Kiesfeldern nimmt, und es in besseren Boden verpflanzt, diese neu angeschlagenen Reben doch eher kerbig und untragbar werden, als jene von Setzholz aus gutem Boden. N.

Ich hab zwar im Jahr 1782 einige 1000 Setzholz gesehen, welche im Merz in einer Feldbütt im Wasser gestanden, welches so zugefroren war, daß es samt der Feldbütt in einem Keller gebracht werden mußte, wo frisches Brunnenwasser darauf gegossen wurde, und dasselbe erst nach 5 oder 6 Tagen aufgedauet ist, daß es aus dem Eis gehoben werden konnte. Dieses Holz wurde in ein gut gerottetes Feld gesetzt, und mit Neugier und Verwunderung hab ich solches oft betrachtet, wie schön es gewachsen, und wie gut es gerathen sey, diese Anlage wurde nachher eine der besten in der ganzen Gemarkung. Ich will aber wegen dieser Beobachtung doch Niemand rathen, sein Setzholz dem Frost auszusetzen, denn auch nur die Furcht, es möge schädlich seyn, ist Ursache sich dafür zu hüten.

VIII. Wenn es nun zum Setzen kommt, so soll das Setzholz erst zu Haus wohl begossen werden, ehe man es auf das Rottfeld trägt, und dann muß es auf demselben in den Grund eingegraben, und nicht zu viel auf einmal ausgetheilt werden, damit es bei der Sonnenhitze oder rauhen Winde nicht zu sehr austrockne.

IX. Das Setzholz kann auch auf folgende Art aufgeschlagen, und mit vielem Vortheil bis zum Setzen aufbehalten werden. Man schneidet es nemlich schon vor Winter, sobald das Laub von den

Stöcken abgefallen ist, und richtet es so zu, als wenn es gleich sollte gesetzt werden, alsdann legt man sie sämtlich in die Erde eben so, wie die gelbe Ruben eingeschlagen werden, welche Samen bringen sollen, man macht nämlich mit einer Spate einen breiten Graben, legt die Reben nebeneinander hin, und deckt sie mit Erde bis an das obere Aug, welches frei bleiben muß, zu, und so geschieht es, daß selbst durch das Zudecken schon der zweite Graben gemacht wird, welcher eben so, wie der erste mit Reben belegt wird. Auf diese Art kann man in einen kleinen Distrikt viele 1000 Stück Setzholz einschlagen. Dabei ist zu beobachten, daß nie mehrere Reben aufeinander zu liegen kommen, weil sie gerne aufeinander verderben. Der Vortheil, sein Setzholz auf diese Art aufzubewahren, ist zu wichtig, als daß man ihn nicht allgemein und besonders empfehlen sollte, denn da andere, wenn die Weinstöcke durch starke Kälte gelitten haben, ihre Felder, die sie vor dem Frost gerottet haben, entweder unbesetzt liegen lassen müßen, oder solche mit Reben, die vom Frost gedrückt seyen, besetzen können, so hat jener sein gutes Setzholz, das schon vor Winter eingeschlagen ist. Durch das Einschlagen bleibt es frisch und grün, die Winterfeuchtigkeit macht es so biegsam wie Wachs, daß bei dem Setzen keine Rebe verbrechen wird, und es wächst so gut, als das beste in dem Frühjahr eingeschlagene Setzholz. Die Probe hierüber ist überzeugend gemacht, und ich

kann

kann jedem Zweifler die schönste Weingärten zeigen, die mit solchem Setzholz angepflanzt sind.

X. Man wird wohl thun, wenn man das Setzholz, welches auch im Frühjahre aufgeschlagen wird, auf die nämliche Art in Grund legt, anstatt daß man es zusammen bindet, und in Wasser stellt.

XI. Das Setzholz, welches im Frühjahr aufgeschlagen wird, da der volle Saft schon in dem Holze ist, darf nicht gleich gesetzt werden, denn die Erfahrung lehrt, daß sehr vieles davon ausbleibt. Es muß 4 bis 5 Tage aufbehalten werden, ehe man es setzet.

Fehler, welche beim Aufschlagen des Setzholzes zu geschehen pflegen.

I. Die gewöhnliche Art, das Setzholz aufzuschlagen ist folgende: Man sucht die Reben in einem Weingarten der geschnitten ist, oder beim Schneiden, zusammen, bindet sie in eine Last, so viel ein Mann auf einmal tragen kann, und bringt sie nach Haus, dann werden sie in Wasser gesetzt, und bleiben allda 5 bis 6 und mehrere Tage stehen, bis der Winzer Zeit hat solche auszukreppeln und zu zuschneiden. Nun geschieht es, daß viele, und oft ein dritter Theil von diesen Reben nicht in das Wasser reichen, mithin durch die Sonne und Luft schon vertrocknen und verderben, ehe sie zugeschnitten werden, darum manchmal in den Rottfeldern

so

so vieles ausbleibt, ohne daß man wisse, wo es her,
kömmt. Die Ursache aber ist, weil die Reben aus
sorgloser Behandlung schon abgestorben gewesen
sind, ehe sie gesetzt würden.

II. Ein Winzer der es zwar gut meint, aber
nicht Erfahrung genug hat, setzt manchmal das schön
zugeschnittene Setzholz in einen Mistpfuhl, damit
seine junge Setzlinge gute fette Nahrung schon ein,
saugen sollen, ehe sie gesetzt werden, allein diese
Nahrung ist zu gut, der unvergohrene Mistpfuhl
ist zu scharf und beissend, daß die Setzreben abster,
ben, und zu keinem Wachsthum gelangen können.

III. Es ist ein großer Fehler, daß man das
Setzholz auf dem Markte kaufet, wohin es häufig
zum Verkauf getragen wird, denn die meisten Leute
sind mit der Behandlung ihrer Weingärten noch
wirklich zu sorglos, als daß sie sich die Mühe geben
sollten, die falschen Stöcke gänzlich auszurotten und
nur die guten fortzupflanzen. Doch ist hier der Be,
trug des Verkäufers nicht so groß. Aber weit grö,
ßer ist das Verbrechen jenes Mannes, der vorläu,
fig einen Akkord macht, um gutes Holz zu liefern,
und dafür einen doppelten, oft dreifachen Lohn er,
hält, wenn dieser unbekümmert die Setzreben zu=
sammenkauft, und damit ausliefert. Auf diese Art
wurde einer meiner Freunde im Jahre 1777 betro,
gen, derselbe brauchte damals gegen 14000 Stück

Setzreben; er machte zu deffen Lieferungen einen Akkord, das 1000 zu 2 fl. 24.kr. mit Leuten, die sich durch vorhergängige gute Lieferungen ein Zutrauen schon erworben hatten, nun aber kauften sie das Setzholz in ihrem Ort das 1000 zu 20 kr. zusammen, thaten die Lieferungen, und betrogen den guten Käufer so, daß er noch wirklich mit Ausrottung falscher Stöcke zu thun hat. Diese und dergleichen höchstschädlichen andere Betrügereien sollten Jedermann zur Warnung dienen, und dahin anweisen, alle die Sorgfalt anzuwenden, die zur Erlangung gutes Setzholz oben angeführt ist.

IV. Haupt-

IV. Hauptstück.
Vom Setzen der Rottfelder.

I. Der Hauptvortheil beim Setzen eines Rottfelds besteht darin, daß die ungesetzten Reben mit Grund oder Sand wohl geschlossen werden, und daß die Stöcke nicht zu enge zusammen kommen.

Das Erste dient zum guten Wachsthum, und das andere ist zur Tragbarkeit nothwendig. Die Rebe, welche nicht rund um mit Grund geschlossen ist, erstirbt in sich selbst; weil sie ihre Wurzeln nicht ausgiessen kann, und die Stöcke, die zu enge zusammen sitzen, bringen keine Früchten, sie benehmen sich die Luft, die zur Tragbarkeit nöthig ist.

II. Das Rottfeld muß abgeschlagen werden, ehe man zu setzen anfängt, man messe die Breite des Feldes ab, nnd richte es so ein, daß, so wie im Rheingau, wo die Weinstöcke blankenartig gezogen werden, die Reihen, es mögen Riesling oder Kleinberger seyn, auf der Ebene, und in den Bergen, wo Orleans gepflanzt wird vier Schuhe, in den Bergen aber, wo Riesling geflanzt wird, 3 1/2 Schuh von einander zu stehen kommen, und damit dieses sowohl nach der Länge als Breite in grader Linie geschehen möge, so nimmt man eine lange Schnur, macht nach derselben mit einer Ha

B 2

cke die allgemein bekannten Merkmale, wohin die Stöcke gesetzt werden sollen. An der Nohe und in andern Gegenden, wo vierkantige Stöcke gepflanzt werden, müßen solche auf der Ebene 5 Schuhe, und in Bergen, wo Riesling gepflanzt werden, 4 1/2 Schuh von einander gesetzt werden, die Ursache dieser Verschiedenheit kömmt daher, weil die Stöcke auf der Ebene mastiger sind, und weniger Luft haben, als jene in den Bergen, und die Kleinberger mehr Holz treiben als Rießlinge, darum man diese auch weiter von einander setzen muß, damit sie einander nicht verstrummen. Wenn nun ein Feld, wie es oft zu geschehen pflegt, nach dieser Vorschrift für 6 Zeilen zu eng, und für 5 Zeilen zu breit wäre, so wollte ich Jedermann anrathen lieber 5 als 6 Zeilen zu haben, da 5 Zeilen mit überflüßiger Luft mehr und beßere Früchten bringen, als 6, die zu dicht stehen, die Nahrung und Gedeihen einander benehmen.

III. Die Reben sollen nach Art der Rheingauer der Länge nach einem Schuhe weit, und zwar jede besonders und nicht in ein Loch 2 gesetzt werden. Nach der an der Nohe und in dem Gau gewöhnlichen Art pflanzt man sie einen Schuh ins Quadrat poneinander, hiedurch kann der Stock wohl gebauet, und vom Unkraut und Ungeziefer gereinigt und rein gehalten werden. Dabei ist anzurathen, daß in dem Rheingau bei jedem Stock eine Rebe, und auf dem Gau zwei, nemlich auf jeder Seite

eine

eine mehr angesetzt werden, als Schenkel bei einem jeden Stock nöthig sind, denn da die Reben nicht alle wachsen, so bleibt doch der Stock, wenn auch hie und da etwas ausbleibt, in seinen Schenkel vollzählig, und wachsen sie alle, so werden bei den ersten Bogreben die überflüßigen und falschen ausgerissen, dadurch wird dem vielen Einlegen vorgebogen, und der junge Weingarten schon beim Aufkommen, vom falschen Holze gereiniget.

IV. Das Setzen soll im April auf folgende Art geschehen: Man räumet mit dem Griff des Setzstickels den obern trocknen Grund hinweg, und macht alsdann mit dem Setzstickel ein Loch beinah so tief als die Setzrebe lang ist, denn thut man die Rebe hinein, und druckt sie so tief hinunter, bis sie unten aufsitzet, und mit dem obern Auge der Erde gleich und frei bleibet, demnächst nimmt man zarten Grund, läßt das Loch damit zulaufen, und rüttelt ihn durch das hin und her Bewegen der Rebe hinunter, daß er sich um solche, besonders in der Tiefe wohl anschliesse; ist aber das Feld zu steinig, oder der Grund so storrig, daß man ihn nicht könne zu der gesetzten Rebe laufen lassen, so nimmt man feinen Sand, der trocken seyn muß, und läßt ihn zu der Setzrebe laufen, bis das Loch voll ist, durch diesen Sand wird die Rebe von selbst geschlossen, und setzt sich derselbe durch jeden Regen noch fester bei, daß die Rebe sicher wachsen, und sicher nicht ausbleiben wird.   Diese

V. Diese Art mit Sand zu setzen, habe ich aus eigner Erfahrung in allem Betracht für die beste befunden, man braucht dabei den Grund mit dem Setzstickel nicht beizudrücken, wodurch die eingesetzte Rebe, besonders in steinigen Feldern, oft in der Erde verletzt wird, denn der Sand lauft von sich bei und schließt die Rebe von selbsten, er verwahrt auch den Schenkel bis in das späteste Alter vor Ungeziefer und Fäulniß, und befördert ein gewisses und schnelles Wachsthum; darum sollte es dem Eigenthümer auf diese wenige Kösten nicht ankommen, um ein Viertel Feld zu setzen, drei bis vier Karren voll Sand fahren zu lassen.

VI. Die Stöcke, wenn sie nun gesetzt sind, sollen nicht zugehäufelt oder mit Grund bedeckt werden, die Ursache warum dieses dem alten Herkommen gemäß zu geschehen pflegt, finde ich darin, daß man sie noch vor etwa einem einfallenden Maifrost, oder vor heißen Sonnenstralen bewahren wolle. Diese Ursachen lassen sich zwar hören, sie sind aber des Schadens halber, der daraus entstehen kann, nicht hinlänglich, daß man sie empfehle. Dieser besteht hauptsächlich darin, daß

1) durch das Aufhäufeln der Regen von der Mitte des Stocks abgeleitet, und neben hingeführet wird, da er doch den eingesetzten Reben hauptsächlich zufliessen, und denenselben durch sein einsinken

ken den Grund oder Sand mehr anschliessen und befeuchten sollte, darum scheint es besser zu seyn, wenn die Stöcke nicht gehäufelt werden.

2) Ist die Erde schwer und unartig, so geschieht es, daß sich solche durch den Regen so fest auf die zugedeckten Stöcke zusammensetzt, daß die obern Augen nicht hindurch wachsen, sondern ergrauen, oder aus Mangel der Luft ersterben müssen.

Ich rede hier aus eigener Erfahrung: die Reben, welche das erste Jahr wegen aufgehäufelter Erde nicht aufwachsen können, schlagen das andre Jahr aus, wenn sie aufgegraben sind, allein die meisten bleiben aus, und sind schon in sich erstorben.

3) Der Maifrost stöhrt freilich das Wachsthum an den jungen Setzlingen, ob er sie gleichwohl nicht ganz verdirbt; um aber dieses Uebel zu heben, so kann man die obern Augen mit leichtem Grund oder Sand, durch welchen sie leicht wachsen können, ein wenig bedecken, so werden sie im Fall eines Maifrostes ganz sicher wieder ausschlagen, und gleich andern Reben fortwachsen. Häufeln aber soll man die Stöcke nicht, damit der Regen desto besser in die Mitte des Stocks bringen, und seine gute Wirkung thun könne. Die Sonnenstralen aber schaden gar nichts, denn die Rebe wird oben im Wachsthum behalten, so lang sie unten Feuchtigkeit und Nahrung hat. V. Haupt‐

V. Hauptstück.

Was bei Anpflanzung junger Weingärten am vortheilhaftesten sey, Reiflinge oder Blindholz zu setzen.

I. Die Reiflinge, wie im II. Hft. N. I. angemerkt ist, sind gutes Blindholz, welches ein oder zwei Jahre in einem gutgerotteten Feld eingesetzt war, und Wurzeln gezogen hat, dann mit seinen Wurzeln ausgegraben, und in ein Rottfeld nach folgender Anweisung gesetzt wird.

II. Zu zween Männern, welche das Setzen verrichten, muß ein dritter seyn, der die Würzelchen abschneidet und das Holz hinter die Setzer hinlegt, damit solche nicht aufgehalten, und die Setzlinge nicht lange in der Luft und Sonne liegen bleiben, und vertrocknen mögen.

Zwischen beiden Männern wird ein Zuber mit trockenem feinen Sand gestellt, den eine Person durch anhaltendes Zutragen unterhalten muß, alsdann werden sie nach Anweisung, wie im IV. Hft. N. IV. angeführt ist, mit Sand gesetzt, wollte man sie mit Grund setzen, so würde derselbe an den mittlern Würzelchen ganz hängen bleiben, die untern ungeschlossen und frei seyn, und dadurch verderben müssen, der Sand aber lauft von oben bis unten hin, und schließt die ganze Rebe.

III. Die

III. Die Vorzüge, die man bei den Reißlingen vor dem Blindholz hat, sind folgende:

1) Man ist von den Reißlingen überzeugt, daß sie frisch, gut und wachsbar sind, denn sie haben schon Wurzeln gezogen und sind ausgewachsen. Diese Zuverläßigkeit kann man an dem Blindholz nicht haben.

2) Sie wachsen zuverläßig, und werden in den rohesten Feldern und steinigen hitzigen Bergen, unter 100 kaum 5 ausbleiben, da das Blindholz gar oft kaum zur Halbscheid aufkömmt, wie jeder Weingutsliebhaber schon wird erfahren haben.

3) Sie wachsen schneller auf, und kommen ehender zum Tragen, als das Blindholz.

4) Die Reißlinge geben mir eine reine und unvermischte Gattung von Trauben, die ich haben und anpflanzen will. Denn da ich mir die Reißlinge selbst ziehen soll, so muß ich die Reben, welche andere Gattungen sind, als ich haben will, ausreissen. Nemlich wenn das Blindholz um Reißlinge zu ziehen eingestickelt ist, und die Augen aufbrechen und Laub zeigen, so kann man alle Gattungen von einander unterscheiden, in diesem Falle muß man alle die ausreissen, welche von einer andern Gattung sind, als man haben will. Auf diese

diese Art und nicht anders kann man reine Setzlinge von einerley Sorte erhalten. Bei dem Blindholz aber ist eine solche richtige Unterscheidung auch von den erfahrensten Wingertsleuten nicht möglich. Aus diesen Vorzügen also ist anzurathen.

5) Daß man die Rottfelder mit Reiflingen und nicht mit Blindholz setzen möge. Durchgehe man die besten Wingertslagen, z. B. den Riedesheimer Berg, der uns am Rheinstrom den besten Wein liefert, man wird finden, daß dieser edle Berg mit vielerlei Sorten der schlechtesten, die vielleicht in vielen Weingärten den dritten Theil ausmachen, vermischt ist. Die Orleaser Traube ist die rechte Zierde dieses Berges, der in Rücksicht der Güte und Vielheit des Weins der Beste ist, und warum ist man nicht mehr besorgt, diesen edlen Trauben allein mit Sorgfalt auszuwählen und fort zu pflanzen? Ziehe man seine Reislinge selbst nach gegebener Vorschrift, und besetze damit seine Rottfelder, denn wird man die rechte Sorte von Trauben in seinem Feld haben, mehr und köstlichern Wein machen, als bisher geschehen ist.

IV. Die Fehler, welche beim Anpflanzen junger Weingärten pflegen vorzukommen, und die Ursache, warum die Stöcke darinn oft so schlecht wachsen, bestehen 1tens in der Art zu setzen, und 2tens in der Behandlung.

1) Die

1) Die gewöhnliche Art zu setzen ist folgende:
Es wird mit dem Setzstickel der obere trockene Grund
hinweg geschoben, denn mit demselben ein Loch in
die Erde gestossen, und die Setzrebe hineingesteckt,
demnächst wird eine Hand breit neben der eingesetzten Rebe der Setzstickel eingestochen, um die Erde
bei zu drucken und die Rebe zu schliessen. Diese Art
ist nicht die Beste; denn durch das heftige Beldrü-
cken wird die Rebe in steinigen Felder gar leicht verletzt, auch druckt sich die schwere unartige Erde nicht
so bei, daß die Rebe gänzlich geschlossen sey, meistens bleibt sie unten, wo sie die erste und beste Wurzeln haben sollte, weil man mit dem Setzstickel nicht
wohl beikommen kann, frei und ungeschlossen, wes-
halb sie zu keinem Wachsthum kömmt, und hiedurch
dem Eigenthümer einen wesentlichen Schaden ver-
ursacht wird.

Man pflegt solche schlecht gewachsene Felder das
andere Jahr nachzusetzen, allein dieses geräth selten,
erstlich weil es zu spat geschehen kann, nemlich erst
zu der Zeit, wenn man sieht, was ausgeblieben ist;
und zweitens, weil das Feld schon zu fest sich zu-
sammengesetzt hat. Es bleibt also nichts übrig, als
das sechste und siebente Jahr sich mit Einlegen zu
beschäftigen, welches gewiß schädlich ist.

2) Das Rottfeld, wenn es gesetzt ist, pflegt
man mit allerhand Gattungen von Lebensmitteln an-
zupflan-

zupflanzen, um sich gegen die Rottfelder schadlos zu halten. Gelberüben, Kartoffeln, Kappes, Bohnen sind es, die man sehr reichlich in großer Menge darauf ziehet, oft werden die guten Weinreben durch solche Anpflanzungen überwachsen, und der Erfolg hievon ist, daß solche Rottfelder schlecht wachsen, oder gar zum großen Schaden zurückschlagen, und daher ein theures Gemüß dem Eigenthümer mittheilen. Es ist zu bewundern, daß hauptsächlich die Endzeilen mit Kartoffeln und Dickbohnen wohl besetzt werden, als wenn solche mehr dann die andere Zeilen in der Mitte des Felds vertragen könnten, da doch die angrenzenden alten Weingärten den Endzeilen die Nahrung benehmen, und so schon um einige Jahre, gegen die andern Zeilen, zurücksetzen. Man pflanze daher in die Jungfelder wenig oder nichts. Es ließe sich behaupten, daß die Gemüßpflanzen anderer Nahrung bedürfen, als die Weinstöcke, folglich würde bei der Anpflanzung eins dem andern nicht schaden; allein die Erfahrung lehrt uns das Gegentheil, bei einem Jungfeld zeigt sich der Schade ganz deutlich, wenn es zu viel mit allerhand Nahrungsmitteln besetzt ist, bei geringerer Anpflanzung ist er nicht so kennbar. Die Quecken und alles andere Unkraut bedarfen anderer Nahrungsmittel als der Weinstock, und doch sind sie demselben schädlich, und man sucht ihn davon zu reinigen.

VI. Haupt-

VI. Hauptſtück.

**Von der Bearbeitung der jungen Weins
gärten bis in das fünfte Jahr.**

I. Wie ein Rottfeld geſetzt iſt, ſo bleibt es den
ganzen Sommer, ohne weiter etwas daran zu ma=
chen, bis nach dem Herbſt ſtehen, alsdann wird
es zugegraben.

II. Bei dem Zugraben iſt zu beobachten, daß
beſonders in den Bergen der Grund nicht von
oben her in die jungen Stöckelgen gezogen werde,
wodurch ſie ſich bergab ſenken müßen, und durch
ſolchen wiederholten Bau, aus ihrer graben Stel=
lung gebracht, und verſchleift würden, auch ſol=
len ſie dabei nur ſo viel mit Grund bedeckt wer=
den, daß man ſie noch immer ſehen, und bei dem
nachherigen Aufgraben mit dem Karſt ſchonen könne.

III. Wenn einige Stöcke bei einem ſchweren
Gewitter mit Kummer ſollten zugeflößt werden,
ſo muß man ſie aufraumen, daß ſie Luft bekom=
men, weil ſie ſonſt unter dem Kummer erſticken
müßten.

IV. Das zweite Jahr wird das Jungfeld im
Frühjahr aufgegraben; im Juni gleich gegraben,
und nach dem Herbſte wieder zugegraben; dieſe
drei

dreifache Bearbeitung dient hauptsächlich dazu, daß das Unkraut nicht überhand nehme. Dabei ist zu beobachten, daß das Aufgraben nicht vor dem May geschehen möge, weil oft im April noch strenge Kälte einfällt, und hiedurch die junge Schenkelsgen gar leicht verfrieren könnten.

V. Im dritten Jahre wird das Jungfeld aufgegraben und gerissen, d. i., man reißt dem Schenkel seinen ganzen Aufwuchs ab, und läßt ihm nur einen Zweig von einem oder zwei Augen stehen, wo er aufwachsen soll. Alle Augen darf man ihm nicht abreissen, weil es zu langsam zugeht, bis er neue Augen aussetzen kann, und darum oft sich verblutet und in seinem eigenen Saft ersticken muß. Alsdann gibt man jedem Schenkel einen Pfahl, damit man ihn aufrecht anbinden könne, wenn er sich ungefehr gesenkt oder verschleift haben sollte, und auch die Lotten daran zu binden, damit sie nicht vom Wind abgejagt werde.

Ich hab schon mehrmals bei Jungfeldern, die gerissen waren, die Beobachtung gemacht, daß ich die Lotten, wenn sie gegen eine Elle lang ausgewachsen waren, und von dem Wind konnten abgejagt werden, mit einem scharfen Messer in der Mitte abschneiden ließ. Dieses wiederholte ich im nemlichen Jahre, so oft die Lotten wieder ausgewachsen und zu der vorigen Größe gekommen waren.

ren. Der Erfolg war dieser, daß 1tens der Wind keinen Schaden thun konnte, 2tens daß die Schenkel in der Erde dicker und stämmiger wurden, als gewöhnlich, und 3tens daß solche in dem folgenden Jahre weit schöner gewachsen sind, als andere, die ihren ganzen Auswuchs ungehindert und unabgeschnitten behielten. Dieses Mittels können sich vorzüglich die armen Leute bedienen, sie sparen dabei für das erste Jahr die Pfähle, und bringen ihrem Feld einen wesentlichen Nutzen.

Die Jungfelder, wenn sie gerissen sind, sollen nach dem Herbst ein Korb voll Gassengrund, oder einen halben Korb guten Dung bekommen, damit sie im folgenden Jahre, wenn sie geknotet werden, schönes Holz treiben, und das Jahr darauf Bogreben tragen können.

VI. Im vierten Jahre wird das Jungfeld auf Knoten gesetzt, d. i., alle Reben, die der junge Schenkel ausgetrieben hat, werden abgeschnitten; nur eine, die am besten oben auf dem Schenkel sitzet, bleibt stehen, und erhält einen Knoten von drei bis vier Augen. Der Bau in diesem Jahre, ist der gewöhnliche Wingertsbau.

VII. Im fünften Jahre werden Bogreben aufgesetzt. Sollte aber der Schenkel noch schwach seyn, so erhält er abermal einen Knoten und keine Bogrebe.

rebe; so ist besser ein Jahr später, als ein Jahr zu früh Bogreben aufzusetzen. Durch das öftere Knoten aufsetzen, wird der Schenkel in der Erde stark und stämmig genug, daß er eine Bogrebe tragen, und einen für die Zukunft dauerhaftern Schenkel geben könne; setzt man ihm aber zu früh eine Bogrebe auf, so treibt er in der Höhe zu viel aus, bleibt schwach in der Erde, und wird in die Länge nicht bestehen.

In diesem fünften Jahre, bei den ersten Bogreben wird das Feld nach gewöhnlicher Art gedüngt, es erhält dadurch einen Zusatz an Kräften, daß es seine erste Früchten nicht allein reichlich mittheilen, sondern auch für die Zukunft sich erhalten, und noch verbessern könne.

VII. Haupt-

VII. Hauptstück.

Was für Sorten von Trauben anzupflanzen seyn.

Ich muß bekennen, daß mir alle die Sorten von Trauben, welche in mehrern naturhistorischen und ökonomischen Schriften aufgezeichnet sind, noch nicht alle bekannt sind, vielweniger daß ich von ihren Eigenschaften einen empfehlenden Beweis und Erfahrung hätte. Doch halte ich sicher dafür, daß wir in unserer Gegend des Rheins und der Nohe noch andere Sorten von Trauben mit Nutzen pflanzen könnten, als wir gewohnt sind. Ich wünschte, daß eine Gesellschaft von Wingertsverständigen und Weinliebhabern zusammen treten, und Versuche anstellen mögten, welche Sorten in Rücksicht der Güte des Weins, des reichen Ertrags, und der Dauer und Haltbarkeit des Stocks, ohne auszuarten, die Besten seyn; meines Orts bin ich bereit alles dafür anzuwenden, und es nachher mitzutheilen, sobald ich etwas mit Ueberzeugung gefunden habe.

Gegenwärtig sind es zwei Sorten, nämlich Rießlinge und Kleinberger, die in unserer Gegend am Rhein und der Nohe hauptsächlich gepflanzt werden, obgleich vielleicht 30 und mehrere andere Sorten denselben untermischt sind.

Der Rießling ist ein kleiner runder aber harter und sehr gewürziger Traube, der eine gute und hitzige Lage nöthig hat, wenn er zu seiner völligen Zeitigung kommen soll, dagegen gibt er auch den köstlichsten Wein, wofür uns Hochheim, Johannesberg, Riedesheim, Hinterhausen, Hattenheim, Markebrunner Bürge sind.

Der Kleinberger ist ein großer süßer Traube, der leicht zeitig wird, vielen und süßen Wein gibt.

Der Rießling hat im Rheingau, und der Kleinberger diesseits des Rheins den Vorzug, und wird allgemein gepflanzt.

Die Lagen der Weingärten im Rheingau sind nicht gleich gut, und haben nicht einerley Grund und Boden, einige liegen zu hoch und einige zu flach und eben, einige haben gutes, hitziges Erdreich, und andere kalten Leimen ꝛc. Daher ist es nach meinem Begriffe ein Eingensinn, in so verschiedene Lagen einerlei Trauben pflanzen zu wollen. Es entsteht hiedurch bei mittlern und schlechten Weinjahren, daß in dem Rheingau an manchen Orten der Wein so hart und rau ist, und erst nach vielen Jahren mit Noth zum Gebrauch dienen kann. Pflanze man in die mittlere Lagen einen vermischten Stock von Rießling und Kleinberger, und in die geringere nur Kleinberger so wird man allda bei mittlern

Jah-

Jahren noch einen guten Wein machen, und bei den geringern Jahren wird er immer so trinkbar seyn, daß er frühzeitig mit Nutzen kann verbraucht werden.

Bei einer andern Gelegenheit soll der Vortheil ein wenig ausführlicher beschrieben werden, der aus dieser Anpflanzung entstehen wird.

Eben so würde es gefehlt seyn, wenn man jenseits des Rheins nur die Kleinberger beibehalten, und die Rießlinge gänzlich vertilgen wollte, beinah in jeder Gemarkung, besonders an der Nohe findet man so schöne, warme Köpfchen, wo die Rießlinge gänzlich zeitig werden, und einen sehr guten Wein liefern, daß schon manche Ortschaften allda solches eingesehen haben, und einen so guten Rießlingwein ziehen, der dem mittlern Rheingau sicher nichts nachgiebt. Schade, daß diese Anpflanzung nicht mehr nachgeahmt, und allgemeiner bekannt wird.

VIII. Hauptstück.

Vom Wingertsbau, dem Graben und Rühren.

I. Die Weingärten müßen gebaut werden, un das Feld hieburch locker zu machen, damit Luft Regen und Wärme einen Zugang zu den Wurzeln bekommen, wodurch die Nahrungstheilchen in eine Gährung gesetzt werden, die dem Stock sein gutes Wachsthum befördern.

II. Im Rheingau und an der Nahe bestehet der gewöhnliche Weingartenbau in Graben und Rühren, nur jene, welche besondern Fleiß anwenden, laßen zum zweitenmal rühren. welches Lauterrühren genennt wird, dieses Lauterrühren ist vorzüglich gut, und an vielen Orten, als Hochheim, Kostheim, Kassel und in der Gegend von Worms ganz gewöhnlich.

III. Eine gewisse Zeit, wenn das Graben geschehen sollte, ist nicht wohl zu bestimmen, überhaupt soll es geschehen, ehe die Knospen anfangen aufzuspringen, daß man keinen Schaden thun möge. Dabei ist zu beobachten,

IV. Daß der Stock rundum wohl gebaut und von Gras und und Unkraut gereiniget werde. Mit

dem

dem Karst soll man nicht weit, sondern kurz vor hauen, und besonders in den Bergen, den Grund nur umschlagen und klein klopfen, und nicht weit zurück ziehen, um das starke Abbauen zu verhüten. In Bergen, wo Mauern sind, muß man den Grund auf den Mauern nicht sitzen lassen, sondern soviel herunter hauen, als sich unten an der Mauer abbaut, damit die Stöcke nicht grundlos werden, aus dieser nämlichen Ursache muß der obern Mauer jährlich Grund zugetragen, oder der Weeg aufgehoben, d. i., der Grund, welcher in den Weeg fällt aufgeschöpft werden.

V. Jede Weingartenarbeit, sie sey welche sie wolle, ist schädlich, wenn sie naß geschieht, lieber gar nicht, als naß gegraben, denn das Feld legt sich dadurch so fest zusammen, und wird so rau, ungeschlacht und unartig, daß es kein Wachsthum gibt, und die Stöcke gelb und rückgängig werden; die Wingertsleute, die wenig Gewissen haben, und auf den Nutzen ihres Herrn wenig Rücksicht nehmen, lieben die Nässe, wenn sie den Bau überhaupt in Akkord haben, weil sie alsdann viel arbeiten können, und einen starken Lohn gewinnen. Der Herr aber ist dabei betrogen, weil er jene zahlen muß, die ihm schädlich sind.

VI. Das Graben soll nicht oberflächig, sondern in einer ordentlichen Tiefe und Karstlänge geschehen,

hen, damit die Wurzeln einen leichten Zugang von Sonne und Regen erhalten, und hiedurch das Wachsthum befördern können.

VII. Das Rühren ist der zweite Bau, den der Weingarten erhält, er soll eben so, wie das Graben geschehen. Die beste Zeit dazu ist kurz, darnach als die Trauben verblüht haben; gewöhnlich wird in unserer Gegend auf Balken gerührt, d. i., der Grund wird die Länge hin auf in Balken gezogen, damit, wie die Arbeiter sagen, der Stock geschlossen werde. Ich halte diese Bauart für schädlich,

1) Weil das Feld nicht so regelmäßig aufgegraben und locker gemacht wird, als es seyn sollte.

2) Weil die Wurzeln, die durch die dadurch entstehenden Gräben laufen, zu sehr von Grund entblößt werden, daß sie bei anhaltender Trocknung und Dürre, die im Sommer oft einfällt, keine Nahrungssäfte anziehen, und dem Traube mittheilen können.

3) Weil bei jedem auch nur mittelmäßig starken Regen, das Wasser von beiden Seiten der Balken, zusammen in die Gräben läuft, allda ein Bächelchen macht und den Grund abstößt. Lasse man das Rühren, so wie das erste Graben geschehen, denn wird das Wasser bei Regengüssen sich vertheilen

ken, und nicht leicht ein Bächelchen machen und flö-
ßen können. Das Feld wird einen guten Bau, die
Wurzeln ihre Nahrung, und der Stock sein rechtes
Wachsthum haben.

VIII. Es scheint mir nöthig zu seyn, den dritten
Bau, welcher Lauterrühren genannt wird, als sehr
nützlich und vortheilhaft zu empfehlen. Denn von dem
zweiten Bau bis zur Weinlaß ist eine lange Zeit von
ungefehr 14 Wochen, die Weingärten verlieren ihren Bau durch die schwere Gewitterregen, die in
diesem Zeitraum zu geschehen pflegen, das Gras und
Unkraut nimmt auch oft überhand, und doch sollen
die Weinstöcke in dieser Zeit ihre vorzüglichste Wirkung thun, nämlich die Trauben zum Wachsthum,
zur Zeitigung und zu solcher Güte bringen, als wir
es, um vielen und guten Wein zu machen, wün-
schen. Wenn der Bau und die Lockerheit des Erd-
reichs zum Wachsthum des Holzes nöthig ist, so
scheint mir eben dieser Bau zum Gedeihen der Frucht
(der Trauben) die an diesem Holz wächst, eben so
nothwendig zu seyn. Ich wünschte daher, daß die
Wingertsliebhaber mit dem dritten Bau einen Versuch machten, wie ich es schon oft gethan habe, und
noch thue, sie würden dabei den Nutzen finden, daß
die Traubenbeeren dicker, dünnhäutiger, edler und
brühiger würden, als sie sonst ohne diesen Bau
sind. Die Vielheit so wie Güte des Weins wird sich
dabei auszeichnen, und die Unkosten des dritten

40

Baus doppelt und doppelt ersetzen. Dieser Bau geschieht aber zu der Zeit, wo die Trauben anfangen lauter zu werden. Er wird eben so, wie der erstere verrichtet, nur darf man in dem Stock mit dem Karst nichts machen, damit die Trauben nicht berührt, und beschädigt werden mögen.

IX. Haupt-

IX. Hauptstück.

Von der gewöhnlichen Arbeit im Weingarten, als Schneiden, Sticken, Biegen, Heften, Ausbrechen, Gipfeln.

I. Bei dem Schneiden ist zu beobachten, daß der Stock vorher wohl aufgeraumt, vom Unkraut gereinigt und der Geitz ausgeputzt werde. Die schönste Rebe, die mittelmäßig dick ist, und an der die Augen nicht weit voneinander stehen, wird zur Bogrebe genommen. Sie darf keine Kisselschläge oder Narbe haben, weil sie allda wo sie verletzt ist, beim Biegen gar leicht verbricht. Sind aber alle Reben von Kissen getroffen, so muß der verletzte Theil, (der Kiesselschlag) auf die inwendige Seite des Bogens genommen werden, dann wird sie bei dem Biegen nicht leicht verbrechen. Sie soll über 10 Augen nicht haben. Sie soll auf jungem Holz und nahe an der Erde stehen, weil die Trauben in der Höhe nicht so gut werden, als jene, die unten hangen. Jeder Schenkel, wenn es thunlich ist, erhält unter der Bogrebe einen Knoten von zwei Augen, um 1tens viel Wein zu machen, und 2tens den Schenkel in seiner Ordnung für künftige Bogrebe zu erhalten.

II. Im Rheingau sowohl, als jenseits des Rheins ist der allgemeine Gebrauch die Weinstöcke auf Bogreben, und anderswo, als Hochheim, Kostheim und der Gegend von Worms auf Knoten zu schneiden. Jeder Knoten behält drei Augen. Ein dicker Schenkel, der in guter Erde steht, kann vier bis fünf und mehrere Knoten tragen, daher kömmt es, daß ein Weingarten, der auf Knoten geschnitten ist, eben so viel und mehr Trauben bringen könne, als wenn er auf Bogreben geschnitten ist; denn drei Knoten machen schon eine Bogrebe aus. Hochheim und die umliegende Gegend mögen wohl so viel Knoten auf einen Schenkel nicht setzen können, weil der Boden zu leicht ist, und die Stöcke zu bald ausgehen. Sollte aber der Wein an diesen Orten nicht deswegen so vorzüglich gut seyn, weil er auf Knoten nah an der Erde wächst, die Trauben an der Erde bekanntlich besser und brühiger werden, als jene, die in der Höhe an Bogreben hangen. Ich wünschte daher, daß im Rheingau, weil allda gutes Erdreich ist, und die Stöcke dick und dauerhaft sind, die Weinliebhaber den Versuch machten, ihre Weinstöcke auf Knoten zu schneiden, vielleicht würden sie an der Vielheit nichts verlieren, und mögte wohl ihr kostbarer Wein auf diese Behandlung noch köstlicher werden. Ein Stock von 3 Schenkel, die blankenmäßig ober einander sitzen, bedörfen nur zwei Pfähle um die Lotten daran zu heften, also wäre dabei noch eine Ersparniß von einen Pfahl bei jedem Stock. Der Kleinberger Stock läßt sich nicht auf Knoten ziehen, weil bei diesem

nur

nur die Bogrebe und nicht der Knoten den Wein bringt. Die Weingärten, welche vierkantig gesetzt sind, lassen sich nicht auf Knoten ziehen, weil die Schenkel neben einander sitzen, und wegen dem vielen Auswuchs sich verstrummten.

III. Die Pfähle müßen im Frühjahre gesteckt werden, da die Winterfeuchtigkeit noch nicht vergangen ist. Der Pfahl kann auf einer und der nämlichen Spitze so lang stehen bleiben, bis sie abgefault ist, denn beim Umwenden wird die Spitze, so in der Erde war und naß ist, durch Luft und Sonne verrissen und verdorben, und bricht gar oft das andere Jahr beim abermaligen Umwenden ab, da sie noch einige Jahre würde gedauert haben, wenn der Pfahl auf der nämlichen Spitze wäre stehen geblieben. Der Pfahl soll dahin zu stehen kommen, und so tief eingedruckt werden, daß die Bogrebe füglich daran gebogen werden kann, und der Wind nicht im Stand ist, ihn umzujagen. Die Wingertsleute setzen oft eine Geschicklichkeit darin, daß sie die Pfähle in einer graden Linie stecken, ohne Rücksicht auf die Bogrebe zu machen, ob sich solche füglich daran biegen lasse, daher geschieht es gar oft, daß bei dem Biegen die Rebe zerbrechen muß, weil sie mit Zwang an jenen Pfahl soll gezogen werden, der für sie nicht auf dem rechten Ort stehet. Ich denke, der Pfahl mag in grader oder krummer Linie stehen, setze man ihn dahin, wo er zum Biegen und Heften am füglichsten seyn soll. IV.

IV. Bei dem Liegen ist zu beobachten, daß die Bogreben nicht zu nahe aneinander kommen, damit sie sich einander nicht verstrummen. Bei einem vierkantigen Stock sollen die Reben auf die vier Ecken aus dem Stock und nicht hineingebogen werden, und bei Rheingauer Bauart sollen sie plankenartig voneinander, und wenn es nicht anders seyn kann, lieber eine in die Gasse gebogen werden, als zwei neben- oder kurz obeneinander hinzuziehen, damit das Holz von einer Bogrebe nicht in die andere wachsen, und sie der Luft und Sonne berauben könne. Bei dem Biegen sind die Weiden besser, als das Stroh zu gebrauchen, weil sie weniger nachgeben als jenes.

V. Das Ausbrechen soll von verständigen Leuten und zwar vor der Traubenblüte geschehen. Der überflüßige Auswuchs wird ausgebrochen, dadurch erhalten die Blüteknospen Luft zur guten Blüte, und die Trauben mit dem nöthigen Holz, welches stehen geblieben ist, die ganze Nahrung allein, welches zu der Vollkommenheit der Trauben, so wie zu der Tragbarkeit der künftigen Bogrebe viel beiträget. Es ist ein großer Fehler, daß die Mägde die Weinstöcke ausbrechen, um Futter für das Vieh zu machen, hiedurch werden oft die Stöcke verunstaltet, und jene Reben abgerissen, die für das zukünftige Jahr den Wein bringen sollten.

VI. Die

VI. Die Weingärten sollten wenigstens zweimal in einem Jahre aufgeheftet werden, das erstemal gegen den halben Juni, da die Reben, welche am längsten gewachsen sind, nur in Stroh gehenkt werden, damit sie der Wind nicht abjagen kann; das anderemal geschieht kurz nach der Traubenblüte. Dabei ist zu beobachten, daß diese Arbeit nicht geschehen möge, wenn diese Stöcke naß sind, sonst werden die Reben taub, und in dem Gebinde sterben die Augen ab. Bei dem Heften gibt es Lotten, die aussenher auf den Bogreben sitzen, und nicht leicht angeheftet werden können, weil sie nicht lang genug sind, oder auch die inwendige Trauben zu viel mit Laub bedecken und verstrummen, diese sollen um ein Aug ober den Trauben abgeschnitten werden.

VII. Die Weinstöcke sind oft so wächsig, daß sie ellenlang über die Pfähle hinauswachsen, wodurch der Wind mehr Kräfte erlangt, die Bänder los und die Reben auseinander zu reissen, auch sich selbst zu viel überschatten, darum werden sie abgegipfelt, welches alsdann geendigt seyn muß, da die Trauben zeitigen sollen. Es schadet nicht, wenn nach dem Gipfeln die Reben noch ein wenig auswachsen, denn bei dem frühzeitigen Abgipfeln wird der Saft zurückgesetzt, und eh er das obere Auge zum Aufwachsen bringt, setzt er sich in der Rebe und Augen an, macht solche dicker, stämmiger und tragbarer, als sie ohne das frühzeitige Gipfeln würden gewesen seyn.

Wei=

Weiter ist zu beobachten, besonders wo die Pfähle kurz sind, daß das Abgipfeln nicht zu tief geschehen möge, um der ordentlichen Länge künftiger Bogreben nicht zu schaden, wenn aber die Stöcke auf Knoten geschnitten werden, mag es etwas tiefer geschehen.

Wenn ein Laubrausch eintreten will, welches erfahrene Arbeiter frühzeitig genug bemerken können, so schneidet man unten oder mitten in dem Stock, wo die Trauben hangen, einige Reben sehr tief und zwar nur ein Aug ober den Trauben ab, diese abgestutzte Reben treiben leicht noch handlange Ausschläge aus, die ihr Laub bis in den Herbst grün erhalten, und nicht fallen lassen. Hiedurch werden die Trauben so viel Schatten bekommen, daß sie gedeihen können, und ihnen der Laubrausch nicht schädlich ist.

Ich sehe es für einen merklichen Fehler an, daß die abgeschnitten Gipfelen so wie das Gras in Büschlein zusammengebunden und auf die Pfähle gehenkt werden, um allda zu dürren, und Winterfutter für das Vieh abzugeben. Ein starker Wind mit Regen kann den Pfahl mit dem daran gehefteten Stock viel leichter umjagen, wenn ein Busch Gras darauf gebunden ist, als es geschehen würde, wenn er für sich allein stünde. Auch hat das Gras und Unkraut seinen Saamen, da es nun auf den Pfählen gedürrt wird,

wird, so fällt der Samen aus, und wird hiedurch der Weingarten für das künftige Jahr gleichsam mit Unkraut eingesäet. Der Winzer soll das Gras und Gipfel grün nach Haus tragen, und allda an einen schicklichen Ort dürren, dann hat er das nämliche Futter und seine Herrschaft keinen Schaden.

X. Hauptstück.
Von dem Düngen eines Weingarten.

I. Bau und Dung sind die zwei vorzüglichsten Stücke, die den Weingarten in gutem Stande erhalten müssen. Beide Stücke sind unentbehrlich, und Eines ohne das Andere ist nicht hinlänglich. Ein wohlgedüngter Weingarten geht zurück, wenn er nicht gut gebaut wird, und ein gutgebauter Weingarten verliert seine Kräfte, wenn er nicht zu rechter Zeit gedüngt wird.

Die gewöhnliche Art zu düngen ist, daß man oben vor dem Stock mit dem Karst eine Kaut schlage, einen Korb voll Dung hineinschütte, und mit Grund zudecke. Ich hab gegen diese Art zu düngen nichts besonders einzuwenden, nur will ich anrathen; daß auch schon im ersten Jahre bei jedesmaligem Graben der Dung mit dem Karst wohl gelüftet werde, damit er nicht bei einem heißen und trockenen Sommer in sich verderben möge.

Die

Die Zeit zum Düngen ist eigentlich vor Winter die Beste, da der Mist bei der Winterfeuchtigkeit leichter anschlagen kann. Wenn manchmal der Dung zu spat eingethan wird, und dabei vielleicht noch nicht recht zeitig und faul ist, und alsdann ein trocknes Frühjahr und heißer Sommer folgt, so verbrennt und versport er in sich selbst, und wird wenig Nutzen bringen.

Wie oft aber das Düngen wiederholt werden müße, läßt sich nicht bestimmen; manche Weingärten haben gutes und fettes Erdreich, andere mageres und schlechtes, ein erfahrner Wingertsmann muß hiebei ab= und zugeben, da er am Ertrag und Wachsthum das Bedürfniß sehen kann. Es ist darum gefehlt, wenn der Eigenthümer in dem Düngen die Reihe halten will, da mancher Weingarten im 3ten, der andere im 4ten, und wieder im 5ten oder 6ten Jahre den Dung nöthig haben, so geht mancher zu Grund, bis die Reihe an ihn kömmt, da hingegen andere im Ueberfluß stehen.

Ich hab meine Weingärten so wie auch viele andere meiner Freunde schon von mehrern Jahren her auf folgende Art im Dung unterhalten. Ich gebe nämlich jedem Stock nur einen halben Korb, und dieses einige Jahre früher als gewöhnlich. Wenn z.B. der Weingarten alle vier Jahre einen vollen Korb Dung erfodert, so geben wir schon alle zwei Jahre einen halben Korb. Wir befinden uns so gut dabei, daß ich wünschte solches allgemein nachzuahzunahmen. Es ist aber zu bemerken, daß der Weingarten, welcher auf diese Art behandelt wird, schon in gutem Stand seyn müße, da diese Art zu düngen nicht hinlänglich ist, ihn darin zu setzen. In dem Fall aber, daß man einen Weingarten an sich bringt, der schecht gehalten und über das mager ist, muß man denselben graben und sauber von Unkraut reinigen lassen, sodann schüttet man vor jeden Stock einen vollen Korb Dung, und spreitet denselben so, wie man es auf einen Rübenacker zu thun pflegt, man gräbt solchen mit dem Karst unter, und im zweiten Jahre gibt man ihm einen halben Korb Dung, und fährt damit fort, nach obiger Anweisung. Dieser Weingarten, der vorhin vielleicht so mager gewesen ist, daß er weder Holz noch Trauben bringen konnte, wird sich bei dieser Behandlung schon im ersten Jahre auszeichnen, und im zweiten an Wachsthum keinem andern mehr nachstehen, auch wird der Nutzen gänzlich der Wartung entsprechen, wenn man nach obiger Anweisung von zwei zu zwei Jahren mit einem halben Korb Dung anhalten wird.

Es hat seinen guten Nutzen, wenn man einen Weingarten mit gutem abgelegenen Grund übertragen kann, er mag von einem Acker, von einer abgelegenen Wust, oder sonst woher genommen werden. Schweres Feld wird am besten mit leichtem Grund, und leichtes Feld mit schwerem Grund vermischt. Die Wirkung davon ist, daß die Erde locker wird, und ein gutes Wachsthum bringt.

D XI. Hauptst.

XI. Hauptstück.
Wie ein alter vernachläßigter Weingarten in guten Stand zu setzen sey.

I. Bei einem alten Weingarten, den man verbessern will, ist vordersamst zu untersuchen, woher es komme, daß er abgängig ist. Ob er fett oder mager, ob er grundlos oder nicht, ob sein Stock gut oder falsch ist.

II. Ist er zu mager, so muß man ihm Dung geben, daß er sich zu erkennen geben kann, ob und in wie weit er noch im Stand ist Trauben zu bringen oder nicht.

III. Ist er grundlos, so kann ihm der Dung nicht aufhelfen, sondern man muß ihn mit Grund übertragen; ist aber dieses zu kostspielig, da man in der Nähe keinen Grund haben könne, so ist nichts übrig, als aushauen und jung machen.

IV. Ist der Stock noch gut aber stocklos, oder ist er vermischt mit guten und falschen Stöcken, so muß man zusehen, ob er mit Einlegern, mit Schleifreben und Reißlingen, oder auch mit Pfropfen zurechtzubringen ist.

V. Ist aber der Stock untragbar, und mehr schlecht als gut, so ist es rathsam, daß man ihn aushaue und jung mache. Denn zehn Jahre gehen vorüber, bis man einen solchen alten stocklosen

Weingarten zurecht bringt, und biß dahin ist er auch jung gemacht.

VI. Der eigentliche Vortheil vielen Wein in einem Weingarten zu machen bestehet darin, daß kein Stock, und nicht einmal ein einziger Schenkel fehle, und daß alle Stöcke gut und tragbar sind. Denn da jeder Stock gut ist, und seine richtige Trauben hat, so kann es nicht anders, als vielen Wein geben.

VII. Wenn die Zeilen zu enge gesetzt, und der Stöcke zu viel in einem Weingarten sind, so benehmen sie sich einander die Nahrung in der Erde und die Luft auf der Oberfläche, daher sie wenig Trauben bringen; in diesem Falle muß man die geringsten ausreissen, so werden z. B. drei Schenkel, welche die Nahrung und Luft allein haben, mehr Trauben bringen, als fünf, die auf dem nämlichen Platz stünden, und in Nahrung und Luft einander hinderten.

VIII. Eben so muß man mit den falschen Stöcken umgehen, ein untragbarer Stock (Branger), erhält den nämlichen Bau und Dung wie ein guter, und bringt doch nur Holz und Laub, und keine Früchten, darum muß man ihn ausreissen, und einen andern suchen auf den Platz zu bringen.

IX. Dem Eigenthümer soll es nicht darauf ankommen, daß er seinem Arbeiter einen guten Tagslohn gebe, daß solcher die falschen Stöcke vor dem Herbst in den Weingärten aufsuche und mit Bindefaden oder Welben zeichne, um solche im Frühjahre bei dem Schneiden zu erkennen und auszureissen. Ein Branger, sowohl von Kleinberger als Riesling, hat kleine Frucht, keine gepackte sondern auseinanderstehende Trauben von kleinen Beeren mit einigen dicken vermischt.

X. Man kann zwar auch im Herbst falsche Stöcke von den guten unterscheiden, welches aber nicht so richtig und sicher ist, als da man sie bei ihren Früchten untersuchet; denn ein guter Baum ist an seinen Früchten am besten kennbar. An den falschen Rieslingen (Brangern) fällt nach der Blüte die Tragknospe samt dem Stiel ab, und läßt an der Rebe anstatt des Stieles ein Merkmal zurück wie eine Linse, daran kennt man ihn, und darf ihn sicher als falsch und unächt ausreissen. Bei den kerbigen oder krausen Kleinbergern ist das Laub klein und kerbig, und setzen sich an den Rebenviele Augen auf einen Punkt zusammen; ist der Stock aber ein Branger, so hat das Laub keine Unterscheidungszeichen; dagegen haben verschiedene von den Reben, die an solchem Stock wachsen, doppelte Augen d. i., gegen einander über auf jeder Seite ein Aug. Diese Kennzeichen sind richtig und kennbar, und da ein Stock eins davon an sich hat, so kann man ihn sicher ausreissen. Es gibt noch andere Merkmale, die nicht so leicht kennbar sind, z. B. bei einem Branger von Kleinbergern ist der Traubenstiel so dünn wie ein Faden, und

und bei einem kerbigen Stock viel dicker als gewöhnlich, auch ist dessen Holz sehr roth und zackig ꝛc. Da nun diese Merkmale nach der Weinlaß schwer zu finden und zu unterscheiden sind, so soll man zur Zeit, da die Trauben noch an dem Stock hangen, die Untersuchung vornehmen, und die falschen unstragbaren Stöcke von den guten ausmustern.

XII. Hauptstück.
Vom Einlegen der Weinstöcke.

I. Das Einlegen ist ein nothwendiges Uebel bei einem Weingarten, der stocklos ist, da solcher nicht anders als entweder mit Schleifreben und Reißlingen, oder mit Einlegen in guten Stand gesetzt werden kann. Mit dem Einlegen wird die Zahl der Stöcke am geschwindesten erfüllt, sehr behutsam und sorgfältig muß man aber dabei zu Werk gehen, daß nicht mehr dadurch geschadet als genutzet werde.

II. Das Einlegen kann auf verschiedene Art geschehen, 1tens wird der Schenkel auf den Platz gelegt, wo er steht, 2tens wird er auf einem andern verschleift, und 3tens werden einzelne Reben eingelegt, die noch an der Erde ausgeschlagen sind. Den Schenkel auf den Platz zu legen ist am wenigsten anzurathen, denselben verschleifen, ist besser; einzelne Reben einzulegen ist am besten und vortheilhaftesten. Die Behandlung dabei geschieht auf folgende Art:

III. Bei

III. Bei dem Einlegen auf den Platz wird neben dem Schenkel ein breites Loch gemacht, je breiter je besser, und so tief als man zu rotten pflegt, alsdann schneidet man die obern und mittlern Wurzeln los, damit der Schenkel hinunter gebuckt werden kann, und putzt die Reben von Kreppeln und Ausschlägen sauber aus, dann scharrt man in das Loch gegen eine Hand- hoch guten abgelegenen Grund, der schon vorhin von einem nah gelegenen Acker oder Wust herbeigetragen seyn muß, oder in dessen Abgang einen guten Korb voll Dung, den man aus einander scharrt, und mit etwas Grund bedecket, sodann biegt man den Schenkel hinein, stellt die Reben in Ordnung, und wenn man noch abgelegenen guten Grund hat, scharrt man solchen hinzu, und macht das Loch eben voll von dem ausgehobenen Grund, und steckt zu jeder Rebe, die zwei Augen ober der Oberfläche haben muß, einen Pfahl, um die Lonen, welche austreiben, daran zu heften. Wenn man bei dem Einlegen auf eine Setzwurzel kömt, die stark ist, und die man dem Schenkel nicht nehmen darf, so muß man auf einer andern Seite suchen das Loch in die Tiefe zu bringen; das Loch muß so tief seyn, daß unter dem Einlegen guter lockerer Grund seyn kann, und die Reben doch noch setzmäßig in der Erde stehen. Denn da die Reben am Einlegen frische Wurzeln ziehen, so müßen sie auch lockern Grund unter sich haben, damit sie in der Tiefe wachsen, und dauerhaft werden können,

der

der Grund soll auch gut seyn, damit sie reiche Nahrung finden.

IV. Die Umstände bei diesem Einlegen sind folgende:

1) Ein alter Schenkel ist zu mürb und spröck, als daß er sich viel biegen ließe, wie es bei dieser Behandlung nöthig ist, daher bricht er oft ganz ab, dadurch ist ein guter Schenkel, und der ganze vierkantige Stock, den man durch das Einlegen aus ihm machen wollte, verlohren.

2) Der Schenkel läßt sich mehrentheils nicht auf den Platz legen, es sey dann, daß man ihn wie eine Weide drehe, damit er nicht verbrechen möge, dadurch aber wird er verletzt, und in dem guten Gedeihen gehindert, auch oft zum langsamen Absterben vorbereitet.

3) Es gibt viele Schenkel, die ihre Hauptwurzeln nicht in der Tiefe, sondern in der Mitte haben, diese mitlere Wurzeln aber müßen losgeschnitten werden, sonst kann der Einleger nicht tief genug in die Erde kommen, benimmt man ihm aber seine Hauptwurzeln, so verliert er auch dadurch die nöthige Nahrung, daher entsteht es oft, daß man einen guten Schenkel einlege, und einen schlechten Stock aufbringe.

Aus diesen Umständen scheint mir das Einlegen auf den Platz am wenigsten rathsam zu seyn.

V. Der Einleger, welcher verschleift wird, ist diesen übeln Folgen nicht unterworfen, die Behandlung

lung dabei ist folgende: Man hat, z. B.. einen Stock, der seine vollzählige Schenkel hat, und dabei fehlt einer, man macht also einen langen tiefen Graben, von dem Schenkel angefangen der eingelegt werden soll, bis dahin, wo ein Stock fehlt, alsdann streckt man den Schenkel mit seinen Reben die Länge hinein, bis an den Ort, wo der Stock seyn soll, eine Rebe läßt man auf den Platz zurück laufen, wo der Einleger gestanden ist, damit auch hier die Schenkel vollzählig bleiben. Oder man hat zwei Stöcke nah bei einander, wo jeder nur einen Schenkel hat, da er doch drei oder vier haben sollte, alsdann macht man von einem Stock zu dem andern einen breiten tiefen Graben, und streckt die Schenkel in der Länge neben einander her, so daß der untere auf des obern, und der obere auf des untern Seite einen Platz bekomme, deckt und behandelt sie mit Grund nach obiger Anweisung. Auf diese Art hat man nicht nöthig den Schenkel zu krümmen oder zu verdrehen, auch kann er die mittlern Wurzeln, wenn es Hauptwurzeln sind, behalten, und doch tief genug in die Erde kommen, daß er gut und dauerhaft bestehen kann. Sollten die Reben nicht lang genug seyn, daß sie vollkommen auf den Ort reichten, wo sie seyn sollten, so raumt man sie das andere Jahr wieder auf, und legt sie so weit fort, bis sie in einer graben Linie mit den andern Stöcken kommen.

IV. Das

VI. Das Einlegen einzelner Reben besteht darinn, daß man eine Rebe, die lang genug ist, und weit unten am Schenkel stehet, so tief in die Erde bringe, als sie es leiden kann, die zwei obere Augen muß man heraussehen lassen, und an dieselbe einen langen Pfahl stellen, denn sie wird zwei lange Lotten austreiben, die man sorgfältig anbinden muß. Das andere Jahr macht man entweder ein tiefes Loch auf den Platz, oder einen Graben zu einem andern nah gelegenen Stock, wohin nämlich die Rebe eingelegt werden soll, da legt man sie hinein, deckt sie nach obiger Anweisung mit Grund, und läßt sie noch zwei oder drei Jahre an dem alten Schenkel stehen, alsdann wird sie losgeschnitten, und kann für sich allein als ein guter dauerhafter Schenkel bestehen, auf diese Art bleibt ein jeder Schenkel unverletzt stehen, und kann dabei so vielfach durch seine Ausschläge fortgepflanzt werden, daß alle Lücken damit ausgefüllt werden können. Der alte Schenkel, an welche die eingelegte Rebe noch angewachsen ist, wird zwar geschwächt, und wenig Holz treiben, man verliert aber dabei nichts, als daß man demselben im zweiten Jahre anstatt der Bogrebe einen Knoten aufsetze, dann den Einleger im 3ten Jahre losschneide.

VII. Das Einlegen kann geschehen nach dem Herbst, da das Laub von den Stöcken abgefallen ist, bis in das Frühjahr; die vorm Winter einlegen, haben den Vortheil, daß die Reben nicht verfrieren, und zum Einlegen untauglich werden. Im Frühjahr einlegen, da der Saft schon steigt, hat den Vortheil, daß die Wurzeln zäher sind als vorm Winter, und nicht so leicht verbrechen. Zu spat einlegen, wenn die Hitze schon anfängt und das trockene Wetter eintritt, mag schädlich seyn, weil viele Feuchtigkeit nothwendig ist, um viele Wurzeln zu ziehen, die dem Einleger für dieses und die zukünftige Jahre sein Gedeihen geben müßen; zieht er aber in dem ersten Jahre keine Wurzeln, so wird er in der Folge keine mehr bekommen, da nur die Reben vom ersten Jahre die Eigenschaft haben, Wurzeln anzusetzen.

VIII. Die Einleger dürfen erst im 3ten Jahre Bogreben bekommen, alsdann nämlich, wenn sie in der Erde stämmig und stark genug sind, eine Bogrebe zu ernähren, wenn man ihnen zu früh aufsetzt, bleiben sie schwach und dünn in der Erde, und geben schlechte Schenkel.

IX. Das Einlegen soll dem Arbeiter nicht stückweis oder hundertweis bezahlt werden, daß derselbe kein Anlaß bekommt schlecht und viel einzulegen, um einen guten Lohn zu haben, sondern es soll im Taglohn geschehen, damit es nach Vorschrift gut gethan werde.

X. Man soll nie einen Stock einlegen, es seye dann, er habe alle Kennzeichen, daß er gut seye, oder welches am besten ist, er seye dann vor dem Herbst wegen seinen schönen Früchten zum Einlegen aus-

auserſehen, und mit Bindfaden oder ſonſtigen Merk-
malen gezeichnet worden. Die untragbaren Stöcke
bringen das ſchönſte Holz. Wenn nun nach dem
Herbſt ohne Unterſchied, und ohne eine weitere Kenntniß zu haben diejenigen Stöcke eingelegt werden,
welche das ſchönſte Holz haben, ſo werden die Branger die gröſte Zahl ausmachen, welches nicht nur
für ein, ſondern für mehrere Jahren Schaden
bringt. Den Eigenthümer ſollen die Köſten nicht
gereuen, die gute Stöcke durch den Arbeiter zum
Einlegen vor dem Herbſt aus zu ſuchen und zeich-
nen zu laſſen, der Nutzen dafür iſt für die Zukunft
hundertfach.

XIII. Hauptſtück.
**Wie durch Schleifreben und Reiflinge
eine Verbeſſerung geſchehen könne.**

I. Was Reiflinge ſind, und wie ſie gezogen werden
iſt oben im III. Hſt. angezeigt worden, die Schleifreben werden auf folgende Art gezogen.

Eine Rebe, die unten an dem Schenkel ſtehen,
wird im Frühjahre einen halben Schuh tief in die
Erde gebogen, damit ſie Wurzeln zieht, behält
oben zwei auch drei Augen frei, daran ein langer
Pfahl ſtecken muß, um die Lotten, die ſie austreibt,
daran zu binden, den folgenden Winter oder Frühjahr wird ſie mit den Wurzeln ausgegraben, von
dem alten Schenkel abgeſchnitten, und, wohin man
will, fortgepflanzt. II. Ein

II. Ein stockloser Weingarten kann durch Schleifreben oder Reißlinge seine vollzählige Stöcke erhalten. Die Behandlung dabei ist folgende.

III. Auf den Platz, wo ein Stock fehlt, wird vorm Winter ein breites Loch gemacht, (welches Blindloch genannt wird) so tief als man zu rotten pflegt, fehlen aber mehrere Stöcke in einer Reihe, so macht man einen Graben durch die ganze Länge, wo die Stöcke fehlen, ein fetter abgelegener Grund wird entweder gleich oder auch nachher beim Setzen einen Schuh hoch in diese Löcher getragen, und im Februar oder März werden die Reißlinge, so wie die Schleifreben hineingesetzt, denen man die untersten Wurzeln über den eingetragenen fetten Grund wohl auseinander legen muß, die mittlern und oberen aber an den Reißlingen bis auf einen Zoll abschneiden darf, sodann wird das Loch eben voll Grund gescharrt, und zwei Spade in das Kreuz darüber gesteckt, damit die Setzlinge, die oben ein wenig herausreichen müßen, von dem Karst verschont bleiben. Die Reißlinge können hier auch eben so, wie bei den Rottfeldern mit dem Setzstickel gesetzt werden, man scharrt die Löcher ebenvoll Grund, und setzt wie Hst. V. angewiesen ist.

IV. Das Ausbessern durch Blindhölger hat seinen guten Nutzen, da die Lücken ihre Stöcke erhalten, die durch Einleger mit ausgefüllt werden können, damit aber dadurch gute und dauerhafte Stöcke entstehen mögen, so darf man ihnen nicht ebens

der

der Knoten und Bogreben aufsetzen, bis sie übermäßig stark und stämmig geworden sind. Es wird dabei langsamer hergehen, als in einem Jungfeld, wo sich die Wurzeln wegen dem durchaus lockeren Grunde schnell ausbreiten können, welches bei Blindhölzern nicht geschehen kann.

XIV. Hauptstück.
Von dem Pfropfen der Weinstöcke.

I. Die Weinstöcke können eben so gut, wie die Bäume gepfropft werden, und wenn hie und da ein Stock ausbleibet, so geschieht auch das nämliche an den Bäumen, und ist dabei nebst der Arbeit nichts verlohren, als ein falscher Stock, der ohnehin als unnütz und schädlich hätte vertilgt werden müssen.

II. Die Behandlung soll auf folgende Art geschehen: der Stock, welcher gepfropft werden soll, wird mit dem Karst tief aufgeraumt, dann gegen einen halben Schuh tief in der Erde mit einer Stocksäge abgenommen, und mit einem scharfen Messer gleichgeschnitten, und durch die Mitte gegen einen Zoll lang gespaltet, dann wird dem Pfropfreise nah an einem Gewerb, weil allda das Holz am dicksten und das Mark am dünnsten ist, eine Kafte bis beinah auf dem Mark gemacht, und von da keilmäßig einen Zoll lang herunter geschnitten, wie dieses auch bei andern Pfropfreisern für die Bäume zu geschehen pflegt, demnächst

wer-

werden jedem Schenkel zwei Pfropfreiser eingesetzt, nämlich auf jeder Seite eins, dabei muß man diese Sorgfalt gebrauchen, daß die Pfropfreiser oben an denen Kasten wohl aufsitzen, und ihre Fugen mit jenen des Schenkels wohl aufeinander passen, denn durch die Fugen zwischen Holz und Rinde steigt der Saft meistens auf und ab, und setzt sich auch allda das junge Holz an, wodurch das Anwachsen und die Vereinigung des Pfropfreises mit dem alten Schenkel geschehen muß. Ist dieses nun geschehen, so bindet man den Einsatz mit Lüsch zu, und klebt oben darauf ein wenig angemachten weichen Leimen, damit keine Steinchen in den Spalt fallen, scharrt den aufgeraumten Grund wieder bei, und läßt die Pfropfreiser, die, weil sie tief in die Erde eingesetzt werden, gegen drei Augen lang seyn müßen, mit dem obern Auge heraufsehen, zwei Pfähle steckt man in das Kreuz darüber her, damit sie das ganze Jahr unberührt und ungebaut bleiben können; vor Winter muß man sie mit Grund zuhäufeln, damit sie nicht verfrieren, denn erst beim zweiten Saft treiben sie aus, weßhalben das Holz nicht zeitig werden kann. Im Frühjahre werden sie aufgeraumt, welches behutsam geschehen muß, damit sie nicht laßgerissen werden, jeder Schenkel bekömmt seinen eigenen Pfahl, und wenn sie das erste Jahr wohl angeschlagen und gewachsen sind, so werden sie alsdann schon Trauben bringen.*

III, Die

* Der Herr Verfasser dieser Abhandlung ist der erste, welcher

III. Die Reben, welche zu Pfropfreisern dienen sollen, müßen im Frühjahre an einem solchen Stock, der schon vor dem Herbst wegen seinen schönen Früchten gezeichnet wurde, geschnitten, und entweder in Wasser gestellt, oder in Grund an einen kühlen Ort gelegt werden, damit sie nicht austreiben, denn nicht ehender darf man Pfropfen, biß der Saft völlig gestiegen ist, und nicht später als die Augen der Pfropfreiser geschlossen bleiben; obgleich wohl der Schenkel, welcher gepfropft werden soll, schon handbreit ausgewachsen wäre.

IV. Man kann auf jeden Schenkel alle Sorten von anderen Trauben pfropfen, auch zweierlei Trauben auf den nämlichen Schenkel, die **Kleinberger** aber lassen sich mit Vortheil nicht Pfropfen, da sie schon die ersten Jahre krauß oder kerbig werden, doch kann man einen Kleinberger Schenkel alle Gattungen von anderen Trauben aufsetzen.

V. Ob die Trauben, die an gepfropften Stöcken wachsen, feiner und gewürziger seyn mögen, als andere von ungepfropften Stöcken, darüber hab ich meines Orts noch keinen Unterschied finden können, da ich aber noch keine andere Gelegenheit gehabt habe, als Rießlinge auf falsche Kleinbergerstöcke zu pfropfen, so wünschte ich, daß Liebhaber Rießlinge oder sonstige gute Trauben auf Muskateller pfropften,

von

der diese Art der Vermehrung in den Gegenden des Rheins und der Nohe eingeführt hat. N.

von denen ich vermuthe, daß sie ihren Muskateller-geschmack mittheilen.

VI. Das Pfropfen hat seinen guten Nutzen in einem Weingarten, der mit untragbaren Stöcken vermischt ist, denn man erhält dadurch lauter gute Stöcke, welches, um viel Wein zu machen, nöthig ist. Es soll aber selbst von dem Arbeiter, oder in dessen Beisenn geschehen, damit er die gepfropften Stöcke kenne, und bei aller Arbeit zu schonen wisse. Bei schwerem Felde, besonders in den Bergen muß man sehr behutsam seyn, damit die Pfrofreiser, die oft das erste und zweite Jahr noch nicht gar fest angewachsen sind, bei dem Graben und Rühren nicht abgerissen werden.

VII. Ein gepfropfter Stock kann sobald eine Bogrebe bekommen, als er soviel Holz getrieben hat, daß hiezu dienlich ist, denn er ist sehr wächsig und bringt auch schöne Trauben. Wenn die beiden Pfropfreiser gewachsen sind, die man auf einem Schenkel gesetzt hat, sonst muß man eins, und zwar das geringste abschneiden, so würde er, wie jeder anderer Schenkel sich übertragen und abstehen. An der Dauer eines gepfropften Stocks ist nicht zu zweifeln, denn der Spalt wächst zu, daß der Einsatz nach einigen Jahren kaum mehr zu finden ist.